LETTRE

A

MM. LES DÉPUTÉS DES DÉPARTEMENS,

SUR LE PROJET

DE MONUMENT NATIONAL,

COMMÉMORATIF

DES JOURNÉES DE JUILLET

1789 ET 1830,

A ÉLEVER

SUR LA PLACE DE LA BASTILLE,

PRÉSENTÉ AU ROI,

EN AUDIENCE PUBLIQUE, LE 7 SEPTEMBRE 1830,

PAR A. S. M. BONNEVILLE.

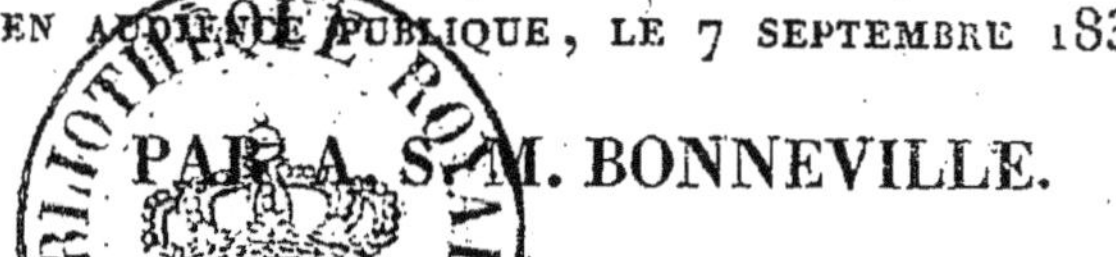

PARIS,

IMPRIMERIE DE A. BELIN,

RUE DES MATHURINS S.-J., N° 14.

1832.

A

MM. LES DÉPUTÉS DES DÉPARTEMENS

DE LA FRANCE.

Messieurs et honorables Citoyens,

Avant la fin du mois d'août 1830, j'ai déposé au cabinet particulier du Roi les dessins originaux d'un *monument national, commémoratif des journées du 14 juillet 1789 et des 27-28-29 juillet 1830*, que je proposais d'élever sur la place de la Bastille, pour remplacer la fontaine de l'Éléphant.

Le 1er septembre suivant, j'ai reçu l'avis que mon ouvrage ayant été examiné, j'aurais l'honneur de le présenter au Roi. Le 7 du même mois, et sous les auspices de l'honorable M. Vatou, aujourd'hui membre de la Chambre des Députés, j'ai été assez heureux pour que Sa Majesté voulût bien m'accueillir avec bonté. Cette audience, ainsi que son motif, ont reçu toute la publicité possible dans les journaux de l'époque.

Au mois de novembre, et avant la discussion de

1

la loi sur les récompenses nationales, j'adressai à M. le Président de la Chambre des Pairs les mêmes dessins originaux, ainsi que les prospectus de l'ouvrage, que j'avais déjà fait remettre également à M. de Montalivet, alors ministre de l'intérieur, avec les *premières épreuves des gravures*.

En février 1831, l'ouvrage entièrement terminé, j'ai déposé au cabinet du Roi *les premiers exemplaires* que je destinais à Sa Majesté, ainsi qu'aux Princes. Le 7 mars, j'adressai à M. de Montalivet ceux qui étaient destinés à son ministère; tous mes envois à ce ministre restèrent même sans aucun accusé de réception. Le Roi eut la bonté de me faire connaître *qu'il était satisfait de cet intéressant ouvrage*. Enfin, peu de temps après, MM. Lafitte, d'Argout, MM. les Préfets du Département et de la Police, le Conseil général de la Seine, MM. Lafayette, Mauguin, Vatou, Saglio, etc., reçurent également les exemplaires dont je leur faisais hommage.

Le rapprochement des faits historiques, les descriptions, les plans que je présente sont assez remarquables pour laisser à croire qu'ils ont été appréciés par le ministère, puisque l'on a vu successivement les édifices du règne de Napoléon se réparer comme je le demandais alors (1); et que, pour l'anniversaire des journées de juillet 89 et 1830, on a exécuté, sur la place même que j'ai

---

(1) Voyez l'exposition de l'ouvrage.

désignée le premier, au sortir des combats de juillet, les idées, une grande partie des plans et tout l'ensemble de mon travail.

Au moment où le roi des Français est venu poser la pierre tumulaire de l'édifice consacré aux victimes des journées de 89 et de 1830, j'ai déjà rendue publique ma réclamation (30 juillet 1831), croyant que le ministère ne voudrait pas sceller en même temps l'injustice de laisser attribuer à d'autres le mérite d'un ouvrage qui n'appartient qu'à moi seul. J'étais dans l'erreur !

Ces circonstances, ces faits, je ne les ai point laissé ignorer à M. le ministre, ni même au Roi, auprès duquel je me suis adressé. Ma demande a été renvoyée à M. le ministre des travaux publics : voici sa réponse, que je reçus le lendemain 31 juillet 1831.

« J'avais très-bien compris, monsieur, que vous désiriez obtenir des souscriptions pour l'ouvrage dont la publication vous occupe. Mais le défaut de fonds disponibles ne m'a pas permis de donner suite à votre demande, et je ne puis que vous en exprimer mes regrets.

« Quant au projet de monument national que vous m'avez envoyé, je l'ai fait déposer à la bibliothèque de mon ministère, et il vous sera remis sur votre réclamation.

« J'ai l'honneur de vous saluer,

« Le pair de France, etc.,

« *Signé*, Comte d'Argout. »

Voilà comment M. le ministre protecteur des beaux-arts encourage et reconnaît le travail, le zèle, le désintéressement des hommes qui ont la faiblesse de croire qu'en faisant quelque chose d'utile ils en recevront une récompense; je ne dis pas une récompense vénale, qui satisfait quelquefois un sordide intérêt, mais au moins un témoignage de bienséance, toujours dû à l'homme, à l'artiste qui consacre ses veilles aux sciences et aux arts pour le bien du pays.

Mais, Messieurs, c'est dans cet ouvrage que le ministre a trouvé le travail qui a servi à préparer l'ordonnance du Roi relative à l'érection du *cénotaphe* de la place de la Bastille. C'est là qu'il a puisé l'idée des dispositions faites sur cette place célèbre pour les fêtes publiques de juillet, et le type du monument funèbre dont on vous a donné la description dans votre séance du 6 mars dernier. Il a suffi de changer le nom du monument. Ainsi, tout espoir de recueillir le fruit de mes peines s'évanouit pour moi; et, lorsque je reclame au moins la priorité de conception, qui ne peut m'être contestée; lorsqu'enfin je veux que *le Roi le sache*, je reçois alors du ministre, par une missive sèche et dure, l'avis de reprendre l'œuvre dénaturé que j'ai généreusement offert au Roi des Français et à mes concitoyens. Ah! c'est par trop avilir la profession d'artiste et d'auteur (1).

----

(1) Voyez la lettre au Roi et celle à la Garde Nationale parisenne.

(5)

L'exposition des faits, la précision des dates que j'ai l'honneur de vous indiquer, Messieurs, le dépôt des élémens de cet ouvrage, fait dix jours après le 30 juillet 1830, entre les mains de l'honorable M. Mauguin, comme membre du gouvernement provisoire, sont autant de preuves qui établissent, d'une manière incontestable *la priorité de conception suivie d'une exécution pleine et entière*, et par conséquent la propriété de l'auteur, que celui-ci a le droit de défendre, non-seulement contre toute personne qui en abuse, mais même contre l'autorité publique qui s'empare d'un œuvre qui lui est étranger, en alterne l'ensemble, et s'en approprie le mérite.

Mais, Messieurs, je vous dois présenter d'autres preuves encore, en examinant avec vous diverses parties du monument même.

Pour obtenir quelques avantages dans la science des monumens publics, il faut étudier attentivement les premiers principes d'archéologie, et ce sont des règles auxquelles je me suis efforcé de me soumettre, en examinant avec scrupule *la nature du sujet, la symétrie, la localité, l'exécution* du monument que je proposais d'élever.

Jamais monument national n'offrit de motifs plus nobles à représenter. Pendant le combat, quel dévoûment sans bornes, quel courage intrépide, quels dangers imminens ! après la victoire, quel désintéressement plus sublime ! Aussi j'ai voulu que tout dans ma composition fût grand et national comme mon sujet. J'ai tracé mes tableaux au milieu des barricades, devant les corps palpitans des jeunes héros des trois écoles. J'ai voulu que mes premiers bas-reliefs rappelassent les traits d'héroïsme de la jeunesse française. Il en a été de même pour les belles et nombreuses actions populaires. J'ai suivi l'ordre successif des événemens : je suis donc arrivé aux actes politiques les plus remarquables de l'époque. J'ai représenté le gouvernement provisoire, la déclaration de la Chambre des Députés, le serment de Louis-Philippe devant les premiers corps de l'État. Enfin, et c'est ici un caractère spécial du monument et du texte de l'ouvrage, j'ai terminé l'ensemble de ces tableaux par la chute de la Bastille en 1789, et la prise de l'Hôtel-de-Ville en 1830, réunissant, par ce simple rapprochement sur le même édifice, et dans la même circonstance, les deux époques les plus mémorables de notre histoire moderne.

Le sujet de ma composition bien compris, j'ai parcouru la ligne des événemens. C'est par une conséquence juste et rigoureuse que j'ai voulu également que les noms des victimes et des vainqueurs fussent placés au-dessous de l'action pendant laquelle ils ont agi ; j'ai représenté même l'édifice public devant lequel le fait militaire où l'événement politique a eu lieu, offrant par là, en un seul tableau, la localité, l'action, les personnages, ainsi que leurs noms inscrits désormais sur les tables de l'immortalité.

La pose des attributs a été pour moi l'objet d'une sérieuse attention. Ainsi l'action principale ayant eu lieu au sein même de la capitale, ses armes devaient être entourées des emblèmes de la Victoire, car c'est bien à la ville de Paris que sont dus les succès des journées de juillet 89, comme ceux de juillet 1830. Si vous voulez, Messieurs, suivre l'examen des autres attributs, vous reconnaîtrez qu'ils présentent ce caractère de grandeur, de force et de nationalité qui est propre aux actions et aux faits qui doivent être représentés sur ce monument ÉMINEMMENT TRIOMPHAL. En agir autrement, c'était tomber dans un écueil difficile à surmonter ensuite.

Il en a été de même des inscriptions : elles ont été composées en langue nationale. J'ai voulu que sur la place publique l'homme du peuple, qui sait à peine balbutier quelques mots de pur français, ne restât pas muet en regardant des légendes latines qui semblent accuser d'ignorance ceux qui ne les comprennent pas. Rappelez-vous, Messieurs, qu'en portant sur le drapeau tricolore cette légende fameuse *Vaincre ou mourir*, les soldats français se sont couverts de gloire dans des milliers de combats.

Je le répète, j'ai voulu composer un monument national qui parlât à l'esprit et au cœur français ; j'ai voulu représenter simultanément les deux grandes époques de la révolution de 1789 et celle de 1830. J'ai donc été obligé de rappeler les faits historiques, sans l'observation desquels l'érection des monumens publics n'est plus qu'une simagrée ou un plâtrage.

Cette vérité bien sentie, m'a fait composer cette épigraphe :

Je m'adresse aux hommes qui aiment la gloire de leur patrie, et qui, dans les monumens publics faits pour en consacrer le souvenir, voient autre chose qu'un amas symétrique de pierres et de métaux.

Maintenant, Messieurs, en reportant vos souvenirs sur le simulacre du monument que vous avez vu élevé pour célébrer l'anniversaire des journées de juillet, vous reconnaîtrez, sans doute, combien les dispositions prises par l'autorité se rapprochent des détails que je viens d'avoir l'honneur de vous soumettre, puisque *l'emplacement, la base de l'édifice, les faits, les inscriptions et les attributs* que j'ai indiqués et décrits ont été suivis et exécutés avec autant d'exactitude que le permettait l'érection d'un monument éphémère qui ne devait durer que quelques jours.

Cependant, Monsieur le Ministre vous présente aujourd'hui une demande de fonds pour exécuter la loi du 6 juillet dernier, qui consacrera sans retour, par une construction définitive, tout ce qui a été fait pour le cénotaphe simulé sur la place de la Bastille. Je ne reproduirai pas ici le discours prononcé devant vous, Messieurs, dans la séance du 6 mars dernier ; mais il me donne de nouveaux motifs de rendre mes réclamations plus pressantes encore , puisque M. le Ministre est venu faire connaître , par les *nouveaux renseignemens qu'il a publiés à la tribune*, qu'il était à peu près arrêté que les projets et les plans contenus dans mon ouvrage seraient dépecés et mutilés , et ensuite appropriés au cénotaphe de la Bastille , sans mon consentement ni ma participation. Et, en effet, par une nouvelle combinaison, on se sera approprié tout ce qui était bon et utile dans la mienne, puisque nous ne différons avec le projet du Ministre que dans la pose des attributs et dans la forme de la *décoration principale*, qui, dans son projet, est de forme ronde (une colonne), et, dans le mien , est de forme carrée (un obélisque).

Mais c'est particulièrement aux moyens d'exécution que je proposais , que M. le Ministre est venu se rattacher de nouveau. Si l'on considère ces moyens, on voit que j'ai su préparer deux manières d'exécuter qui me sont tout-à-fait propres. Dans *mon premier plan*, j'ai voulu représenter la grandeur du peuple français ; j'ai composé mon monument des substances les plus riches, les plus précieuses. Ainsi le sol et les fontaines sont de marbres rares posés en mosaïque ; le bronze antique fait la base de tout l'édifice ; les attributs sont en bronze ciselé et doré, rehaussé d'émail et d'azur. Enfin, je présente une dépense de deux millions. Suivant moi, le peuple français, qui n'a point encore vu de monument élevé à sa gloire sur le sol de la France, pouvait attendre un trophée aussi somptueux, LUI qui a payé depuis quinze ans plusieurs millions, pour l'érection de statues royales. Cependant j'ai dû craindre que cette magnificence ne puisse entrer dans les vues d'une sage économie, et, dans *mon second plan*, j'ai changé la valeur des métaux ; alors les moyens d'exécution sont devenus pour moi bien autrement faciles. Le marbre a été remplacé par la pierre dure ; le bronze, l'or, l'émail, ont subi une autre métamorphose. Pensant aux misères du peuple, qui, en définitive, est toujours celui qui paie, je n'ai pas voulu aggraver ses charges. J'ai donc composé mon édifice du même métal dont il s'était servi pour vaincre ses ennemis. LE FER LUI A DONNÉ LA VICTOIRE ; CE FER DEVAIT COMPOSER SON PLUS BEAU TROPHÉE.

Lisons ce que je dis page 24, § 1er, dans mon ouvrage sur les Monumens publics :

« Ces motifs nous engagent donc à proposer l'é-rection d'un obélisque, ou fondu tout en bronze si les dépenses n'en sont point jugées trop considé-rables, ou composé comme il suit :

« 1° La base, le socle et l'aiguille en fer fondu ;

« 2° Les ornemens principaux, les attributs, etc., en bronze antique ;

« 3° Les caractères et les chiffres en bronze doré. »

Permettez-moi, Messieurs, de vous rappporter une seule phrase du discours de M. le Ministre, prononcé devant vous le 6 mars dernier.

Le Cénotaphe sera surmonté d'une colonne en fer repoussé (1).

Vous le voyez, Messieurs, il ne s'agit plus d'édifier le cénotaphe de la Bastille avec des matériaux connus et généralement employés dans ces sortes de constructions. Ce n'est plus de la pierre, du marbre, du bronze qui feront l'ornement principal de ce monument, c'est une substance pour ainsi dire nouvelle dans les monumens publics : c'est du fer ; et l'emploi de ce métal, naguère encore si difficile à travailler, c'est le projet ministériel qui vous l'indique et vous le fait connaître pour la première fois, quand depuis quinze mois ce projet, ce plan, cette idée tout-à-fait caractéristique ont été déposés dans les cartons du ministère.

M. le Ministre des Travaux publics vous a dit, il y a peu de jours : « Claude Perrault était médecin, et cependant il a élevé la colonnade du Louvre » ; de même, Messieurs, on peut n'être pas architecte, et cependant connaître assez l'archéographie pour trouver dans cette science difficile des moyens d'exécution sans se laisser maîtriser dans son art.

Sans doute, Messieurs, de puissans motifs m'ont dirigé dans le choix de cette substance. Après le but moral que j'ai déjà indiqué, et dont le caractère d'austérité devait plaire au peuple, j'ai pensé aux

---

(1) Voyez la description du socle et de l'obélisque, pages 23, 24, 25, 26, 27, 28, 29 et 30.

arts iudustriels, car je suis moi-même ouvrier et industriel. La cause d'une économie considérable, m'a paru mériter toute mon attention, tandis que les succès qu'obtient l'exploitation des fers en Suède et en Angleterre étaient un objet d'intérêt public que j'enviais pour mon pays. C'était offrir aux hommes qui se livrent en France à ces importans travaux un véhicule capable d'augmenter leurs sentimens d'émulation que de présenter à leur industrie un modèle nouveau, un trophée national qui demandât de grands moyens d'exécution en même temps qu'il n'était pas sans gloire pour les arts de le voir s'élever avec quelque supériorité de talens. Enfin il était beau et phylosophique en même temps de joindre aux souvenirs des deux régénérations politiques de la France cette preuve irrécusable des progrès et du perfectionnement des arts et de l'industrie française.

Je n'ai dû reproduire devant vous, Messieurs, que des faits ou quelques observations dégagées de tout esprit de personnalité ou d'acrimonie. Vous me permettrez, je l'espère, une seule réflexion à la fois politique et dans l'intérêt des arts et de l'archéologie. J'examinerai donc quel caractère il conviendrait de donner au monument projeté : sera-t-il triomphal ou sera-t-il funèbre?

Cette place publique n'a jamais été le lieu d'aucun massacre, d'aucune vengeance. Les victimes n'y ont jamais été nombreuses, mais les hommes courageux sont venus là par milliers. Une masse de citoyens s'est portée à la Bastille le 14 juillet 1789, pour prendre des armes que l'on supposait devoir y être renfermées : les soldats qui la défendaient firent résistance; une action militaire eut lieu, et la victoire est restée au peuple ! Voilà un fait d'armes, et non une vengeance ou un assassinat qui réclament une réparation expiatoire ou un jour de deuil. Le peuple a versé son sang pour la conquête de la liberté comme les soldats d'une armée donnent leur vie pour la patrie ! S'ensuit-il que sur le champ de bataille il faudra élever un monument funèbre ? Réunissant l'action militaire au fait politique, nous voyons qu'avant la prise de la Bastille il existait une cause première qui a produit le soulèvement du peuple (1); cette cause est le despotisme du pouvoir. Le peuple a résisté au pouvoir avec courage et énergie, non-seulement à Paris, mais dans toute la France. En douze heures, deux millions d'hommes ont pris les armes pour l'amour de la liberté, qui électrisait tous les cœurs. De là, la résistance à l'oppression; de là, la chute du pouvoir absolu; de là, une victoire éclatante. De l'existence ou de la destruction de ces hideuses tours ne dépendait pas le salut de la patrie ! Non ! non ! mais c'est la première action mémorable du peuple, sa première victoire, son premier triomphe ! je le répète. Le peuple de Paris et de la

---

(1). Voyez la première révolution de Paris, dans mon ouvrage.

France s'est levé en entier dans un seul jour pour s'opposer à la tyrannie de quatorze siècles, et c'est là l'événement qu'il FAUT RECONNAÎTRE et caractériser dans la prise de la Bastille comme première conquête du peuple. C'est un jour de victoire et non un jour de deuil qu'il faut célébrer. Cette place ne peut donc être changée en sépulcre, et les premiers trophées populaires en linceuls.

Mais, Messieurs, n'avez-vous pas ouvert le Panthéon pour inscrire les noms des victimes que la mort a moissonnées pendant les immortelles journées? Laissez donc au peuple quelque souvenir de sa gloire, et ne changez pas ses lauriers en cyprès!... Il ne demande pas à verser des larmes!.....

Messieurs, pour la gloire nationale et dans l'intérêt de l'art, ne conviendrait-il pas de résoudre ces deux questions?

1° Quel sera le caractère du monument national et commémoratif du 14 juillet 1789 et des 27-28-29 juillet 1830 à élever sur la place de la Bastille?

Le monument sera-t-il triomphal ou sera-t-il funèbre?

2° Ne convient-il pas de mettre au concours public les plans et projet du monument à élever sur la place de Bastille?

Messieurs, chaque instant qui vous est dérobé sur les affaires de l'État est un tort qui retombe sur celui qui le cause; mais j'ai cédé à l'impérieuse nécessité de vous faire connaître une injustice criante, non dans l'espoir qu'elle sera réparée, mais bien

dans celui que vous trouverez peut-être dans l'ouvrage sur le monument national de la place de la
Bastille, que j'ai l'honneur de présenter à la Chambre, quelque chose d'utile pour mon pays.

Je vous prie, Messieurs, de recevoir l'assurance
de mon profond respect,

Votre très-humble et très-obéissant
serviteur,

A. BONNEVILLE,

Manufacturier, faubourg Saint-Antoine,

Paris, le 20 mars 1832.

ESSAI

SUR

QUELQUES MONUMENS NATIONAUX

ET

D'UTILITÉ PUBLIQUE.

Je m'adresse aux hommes qui aiment la gloire de leur patrie, et qui, dans les monumens publics faits pour en consacrer le souvenir, voient autre chose qu'un amas symétrique de pierres ou de métaux.

PRÉSENTÉ AU ROI

PAR A. S. M. BONNEVILLE.

Nota. Ce Prospectus a été imprimé

CHEZ GAULTIER-LAGUIONIE.

—

Paris, novembre 1830.

Sous le titre d'*Essai sur quelques monumens nationaux et d'utilité publique*, nous offrirons quatre
projets de monumens, qui seront publiés en quatre
livraisons composées de quatorze planches gravées
et lithographiées, et de cent pages environ de
texte grand in-folio, papier grand raisin vélin.

PREMIÈRE PARTIE.

MONUMENT NATIONAL

A ÉLEVER

PLACE DE LA BASTILLE.

Cette première livraison, qui a paru fin de janvier 1831, contient quatre planches et quarante
pages environ de texte, qui donnent la description
et les plans d'un monument devant être fondu en
bronze ou en fonte de fer, élevé sur l'ancien emplacement de la Bastille, et subsitué au projet de
la fontaine de l'Éléphant.

Il nous a suffi de présenter *au Roi* des idées et

des plans qui se rattachassent à la gloire des Français pour en être bien accueilli ; c'est sous les auspices *du Roi* que nous présentons l'ouvrage dont la description va suivre.

DEUXIÈME PARTIE.

DE L'ÉTAT ACTUEL DES THÉÂTRES EN FRANCE,

CONSIDÉRÉS

SOUS LE RAPPORT DE LA SURETÉ ET DE LA SALUBRITÉ PUBLIQUES.

Nous nous proposons seulement ici d'examiner les moyens nouveaux qui pourraient être employés le plus efficacement contre l'incendie des théâtres. Nous croyons avoir atteint le but le plus désirable, à l'aide de quelques changemens dans une partie des constructions déjà existantes. Dans la supposition de ces changemens, l'incendie d'un théâtre peut être infailliblement arrêté dans un court espace de temps, et par un très-petit nombre d'hommes. Cette livraison contiendra quatre planches et trente pages environ de texte.

Nous devons rendre publiquement hommage à l'honorable M. De Belleyme ainsi qu'à M. Vivien, préfets de police, de l'intérêt qu'ils nous ont témoigné, en nous aidant de leur protection dans les recherches que nous avions à suivre pour ache-

ver cette partie de notre ouvrage. Il n'a pas dé-
pendu de ces respectables magistrats que nous ayons
obtenu plus de succès par la suite.

TROISIÈME PARTIE.

PALAIS DE L'INDUSTRIE.

La troisième partie, composée de trois planches et de vingt pages environ de texte, offrira la
description du *Palais projeté de l'Industrie*. Sa
destination quatriennale, ainsi que ses moyens
d'utilité permanens y seront traités en détail, et
avec tout l'intérêt que mérite leur importance.

Nous entendons par *moyens d'utilité permanens*
l'emploi de cet édifice pendant l'intervalle de quatre
ou cinq années qui s'écoulent entre chaque exposition publique des produits de l'industrie française.

QUATRIÈME PARTIE.

HOTEL DE LA DOUANE

ET DE L'ENTREPÔT GÉNÉRAL DE PARIS.

La quatrième partie, ayant pour titre : *Projet
d'élévation de l'hôtel de la Douane et de l'Entre-*

pôt, comprendra la description de cet édifice éminemment d'utilité publique ; elle sera composée de trois planches et de vingt pages environ de texte. Une quatrième planche offrira le plan et la perspective du Palais de l'Industrie et de l'hôtel de la Douane, dans leur situation locale, parallèle et symétrique.

Les moyens nouveaux de secours que nous proposons contre l'incendie des théâtres pourraient recevoir une heureuse application dans la construction de l'Entrepôt général.

Nous avons fait connaître, avec assez de publicité cet important travail, puisqu'il est annoncé très-explicitement dans l'exposition des diverses parties de cet Essai sur les Monumens publics, qui a paru fin de janvier 1831.

Au Roi.

Sire,

Votre Majesté, si bienveillante pour tous les Français qui s'attachent à consacrer la gloire de leur patrie, a daigné m'accorder de mettre sous ses yeux le projet d'un monument commémoratif des grandes journées de juillet 1830. Heureux et fier de vos augustes encouragemens, Sire, ne doutant pas de l'accueil national après celui que j'ai reçu de Votre Majesté, je viens de donner à mon travail une exécution plus complète, pour vous en offrir le respectueux hommage.

Un peuple tel que celui qui vous a remis ses destinées, Sire, après l'admirable révolution qu'il vient d'accomplir, mérite une assez noble récompense pour qu'un monument spécial s'élève en l'honneur de sa victoire. Serait-ce donner trop de prix au généreux sang que tant de braves ont répandu pour la liberté de la France? Une telle pensée n'est pas dans le cœur des hommes qui nous gouvernent sous votre influence; ils comprennent le vœu général, ils sauront le satisfaire.

Si je devais renoncer à l'espérance de voir mon projet mis à exécution, un juste orgueil m'animerait toujours, Sire, au souvenir de vos suffrages.

Je suis, avec le plus profond respect,

SIRE,

DE VOTRE MAJESTÉ,

Le très-humble et très-fidèle sujet,

A. S. M. BONNEVILLE.

A LA
GARDE NATIONALE
PARISIENNE
ET AU GÉNÉRAL LAFAYETTE.

MESSIEURS ET CHERS CAMARADES,

Assuré du vœu de la Patrie, et sous les auspices du Roi qu'elle s'est donné, je viens présenter à votre fraternelle adoption le projet d'un Édifice destiné à perpétuer la mémoire des Héros qui se sont dévoués pour la Conquête et la Défense des Libertés publiques. Ce n'est point hors des murs de notre illustre Cité que j'ai choisi le lieu où devra s'élever ce Monument historique, c'est dans le sein même de Paris, là où combattirent nos pères pour s'affranchir de l'esclavage, là où furent ces odieuses tours, cette Bastille dont les murailles, trop long-temps protectrices des crimes de la tyrannie, s'écroulèrent enfin sous l'indignation d'un Peuple parvenu à connaître ses droits, et voulant à tout prix en établir l'inviolabilité. Sur l'antre écrasé du despotisme doit se plaire la Liberté victorieuse ; les palmes qu'elle a cueillies brilleront d'un éclat plus majestueux sur le sol qui vit ses premiers combats, et que fertilisent les Cendres de ses Défenseurs. Que les Trophées élevés à d'autres époques restent à leur destination première ! n'arrachons rien aux souvenirs glorieux qu'ils nous laissent ; mais il faut aussi que les Triomphes populaires obtiennent une part complète et spéciale d'admiration. Ce désir sera compris du Gouvernement, n'en doutons pas, et bientôt la reconnaissance nationale transcrira sur le bronze des noms devenus chers à la France et à tous les Peuples libres.

A. S. M. BONNEVILLE,
Garde National, 8ᵉ Légion.

Paris, 15 Décembre 1830.

EXPOSITION

DE LA PREMIÈRE PARTIE.

OBÉLISQUE NATIONAL

A ÉLEVER

PLACE DE LA BASTILLE.

MONUMENT COMMÉMORATIF

DE LA CONQUÊTE DE LA LIBERTÉ

PAR LES CITOYENS DE PARIS

DANS LES JOURNÉES

DU 14 JUILLET 1789.

PREMIÈRE ÉPOQUE DE LA RÉVOLUTION FRANÇAISE

ET

DES 27-28-29 JUILLET 1830.

DEUXIÈME ÉPOQUE DE LA DÉFENSE DES LIBERTÉS PUBLIQUES.

Reproduire sous les yeux de la nation française les faits mémorables de 89 et de 1830, en tracer un seul tableau avec les actes de l'autorité législative pendant les premiers jours d'août dernier, nous semble ne point s'écarter des compositions régulières et monumentales ; aussi n'avons-nous pu douter de l'intérêt que presenterait l'analogie rapprochée d'événemens qui firent briller de tant d'éclat le courage des citoyens, changèrent les lois de l'État, renversèrent une dynastie pour en placer une autre sur le trône, et rétablirent le culte de la liberté.

Quel digne sujet de méditation pour le philosophe et l'historien ! quelles puissantes émotions pour l'artiste dont le ciseau devra graver sur le marbre et le bronze l'héroïsme de la population parisienne ! Ces hommes, auxquels manquaient les choses les plus nécessaires à la vie, ces braves sans vêtemens et sans pain, ont-ils montré qu'ils ne voulaient que le désordre et l'anarchie comme le prétendaient leurs odieux détracteurs ! honneur immortel à leur généreux courage ! à leur magnanime désintéressement ! ils se sont dévoués à la patrie, que la patrie soit grande et noble dans sa reconnaissance ! ..

Napoléon, atteignant aux dernières sommités de la puissance, disposant à son gré des destins de tous les États de l'Europe, ne connaissant de volonté que la sienne, maîtrisant les chances de la guerre et de la politique, Napoléon, entouré de sa gloire, n'oubliait point qu'il en était aussi redevable à ses armées ; et pour produire ces grands effets d'enthousiasme et d'admiration dont il avait besoin, jamais le bienfait ou la récompense ne se faisaient attendre. C'est ainsi qu'après une victoire, il s'assurait d'autres victoires, et plaçait la France au plus haut degré de splendeur. C'est par les monumens publics érigés en l'honneur de ses soldats qu'il enflammait leur patriotisme, et leur faisait soumettre le monde ; que cet exemple ne soit pas méconnu, et que chaque vertu reçoive le prix qu'elle a mérité.

Ce que dictait au conquérant, peut être la seule politique, le nouveau Roi des Français l'exécutera par civisme, par probité. Marquant par un acte éclatant de justice les premiers temps de son règne, Louis-Philippe est le plus ardent de ceux qui désirent qu'un monument national s'élève à la consécration du dévoûment parisien pendant les mémorables journées de juillet 1789 et juillet 1830. Puissent tous les membres de l'assemblée représentative bien comprendre ce vœu du monarque et de la France entière, afin qu'une digne spécialité, s'élançant dans l'avenir, lui transmette sans mélange les sublimes actions qu'enfanta l'amour de la liberté !

Le projet de consigner sur l'arc de triomphe de la barrière de l'Étoile les hauts faits de notre dernière révolution est plus qu'inadmissible. Supposerait-on que la patrie pût se refuser à l'érection d'un monument sur les cendres de ceux qui viennent de mourir pour la défense de ses droits ? Quand il s'agit d'acquitter une dette aussi sacrée calculerait-on parcimonieusement les dépenses, et faut-il que les blessés dont les plaies sont encore sanglantes se traînent devant les ingrats, découvrent leurs mutilations pour faire comparaison de sacrifices ? non, non, la France ne sera pas mesquine dans sa reconnaissance ! Soyez ses fidèles interprètes, vous qu'elle charge d'exprimer ses vœux. *Rendez à César ce qui appartient à César.* Chargez l'arc triomphal des trophées conquis par les braves de la grande armée, et ne refusez pas aux braves de notre époque, aux martyrs de la liberté, la récompense entière de leur admirable dévoûment !

Est-ce donc ainsi, d'ailleurs, qu'on doit traiter des édifices nationaux ? L'art était-il compris de cette manière par les Winkelmann, Caylus, Clérisseau, Perrault, Percier, Fontaine ? N'est-ce pas une violation barbare que de replâtrer comme un sujet de mascarade ces témoins historiques de nos conquêtes ou de notre puissance ? Nos soldats et nos citoyens n'ont-ils pas acquis assez de gloire pour obtenir séparément les honneurs d'un monument commémoratif ? Soyez donc plus généreux, plus justes ! Que le prix, s'il se peut, soit des deux côtés aussi grand, aussi noble que les faits qui le reclament ! Ne marchandez pas avec l'héroïsme ; l'indignation l'arrêterait peut-être dans ce qu'il peut faire encore pour vous.

Les monumens dont l'assemblée des députés de la France a voulu disposer ne doivent plus changer de destination. Leur nom est célèbre dans le monde ; ils appartiennent à l'histoire. Comme d'une pierre tumulaire qui couvre une cendre révérée, nous ne pouvons en changer l'inscription sans commettre un sacrilége. Est-ce trop d'un seul édifice, à l'entrée de la capitale, pour nous rappeler le retour de cinq cent mille soldats victorieux, commandés par le plus grand capitaine du monde ? Veut-on arracher des fondations de ce monument les témoins de sa consécration spéciale ? Il le faudrait, pour ne pas être accusé dans l'avenir de n'avoir accordé, par un misérable système d'économie, qu'une seule couronne à deux triomphes.

(31)

Les proportions colossales de l'arc de l'Étoile ne
conviennent aucunement à la représentation des
événemens de juillet dernier. Les actions, leurs
nombreuses localités, les noms cités, les actes politiques transcrits, doivent être vus d'un point qui
ne fasse rien perdre ni de leur ensemble, ni de leurs
détails. Il n'est point ici question de perpétuer le
souvenir de conquêtes immenses, et de donner au
trophée d'énormes dimensions; il ne s'agit que d'offrir un hommage à la noble résistance des citoyens
de Paris. Il faut que chacun d'eux puisse lire son
nom et celui de ses frères, gravé sur le bronze glorieux. Il faut enfin, il faut, de toute nécessité, que
le monument soit érigé dans le sein même de la
ville héroïque.

Ce monument sera commémoratif des 14 juillet 1789 et 27-28-29 juillet 1830. De la base au
sommet, il présentera cent cinquante pieds d'élévation. Sur la première face du socle sera gravée
l'inscription votive :

LA NATION FRANÇAISE

RECONNAISSANTE

AUX BRAVES CITOYENS DE LA VILLE DE

PARIS,

DEUX FOIS VAINQUEURS

POUR LA LIBERTÉ

DANS LES JOURNÉES DES

14 JUILLET 1789

ET

27-28-29 JUILLET 1830.

Sur la seconde face du socle sera représentée la prise de la Bastille en bas-relief, avec cette inscription :

PREMIÈRE RÉVOLUTION DE PARIS
ARMEMENT DES CITOYENS
PRISE DE LA BASTILLE
14 JUILLET 1789.

Sur la troisième face du socle sera représentée l'attaque de l'Hôtel-de-Ville de Paris par les citoyens. Bas-relief de l'Hôtel-de-Ville, et scène du combat, avec cette inscription :

DEUXIÈME RÉVOLUTION DE PARIS
DÉFENSE DES CITOYENS
CONTRE LA GARDE ROYALE
DE CHARLES X
LES 27-28-29 JUILLET 1830.

Sur la quatrième face du socle sera transcrite en son entier la Charte constitutionnelle jurée par le Roi des Français, avec cette inscription :

CHARTE CONSTITUTIONNELLE
JURÉE PAR LOUIS-PHILIPPE 1er
ROI DES FRANÇAIS
LE 9 AOUT 1830.

Le socle dont nous venons de donner l'idée est supporté par huit lions de proportion colossale. Sur cette première base s'élève majestueusement l'obélisque surmonté d'une auréole, au centre de laquelle est figurée l'étoile de la Légion-d'Honneur. Aux quatre angles de la base de l'aiguille sont posées quatre poupes de navire antique, représentant une portion des armes de la ville de Paris, et sur lesquelles sont fixés des trophées de drapeaux. Sur chaque face de l'obélisque est posé un faisceau d'armes surmonté du coq gaulois.

Descendant ensuite au soubassement de l'édifice, on y trouve le stylobate circulaire construit pour supporter le colosse de l'éléphant. Ce stylobate, revêtu de marbre blanc, sert au développement des douze bas-reliefs et inscriptions, dont voici quelques détails :

Inscription relative.

SOUS LES AUSPICES

DE LOUIS-PHILIPPE Ier

ROI DES FRANÇAIS.

CE MONUMENT,

VOTÉ PAR LES DÉPUTÉS

DES DÉPARTEMENS DE LA FRANCE,

ASSEMBLÉS

LE 13 NOVEMBRE 1830

A ÉTÉ ÉLEVÉ A LA GLOIRE DES HABITANS DE PARIS,

EN COMMÉMORATION DE LEURS HAUTS FAITS

DANS LES JOURNÉES DES 27-28-29 JUILLET 1830

POUR RECONQUÉRIR LES LIBERTÉS PUBLIQUES.

. . . .

. . . .

Sujet du deuxième bas-relief.

La garde royale quitte l'École-Militaire pour attaquer les habitans de Paris.

Sujet du troisième bas-relief.

Les élèves de l'École Polytechnique s'échappent de leur hôtel, et crient aux armes!

Sujet du quatrième bas-relief.

Les élèves de l'École de Droit se rassemblent sur la place du Panthéon, et crient vive la Charte! aux armes!

Sujet du cinquième bas-relief.

Les élèves de l'École de Médecine prennent les armes, et se répandent dans la ville.

Sujet du sixième bas-relief.

Le palais de la Bourse devient le principal point de ralliement des habitans de Paris.

Sujet du septième bas-relief.

La garde royale s'empare de la porte Saint-Denis, et pénètre dans la ville.

Sujet du huitième bas-relief.

Troisième attaque de la garde royale contre l'Hôtel-de-Ville et le pont d'Arcole.

Sujet du neuvième bas-relief.

Le Louvre, défendu par les Suisses, est attaqué et enlevé d'assaut.

Sujet du dixième bas-relief.

Réception du lieutenant-général du royaume à l'Hôtel-de-Ville, par le gouvernement provisoire.

Sujet du onzième bas-relief.

Réception des membres de la chambre des députés au Palais-Royal, par le lieutenant-général du royaume.

Sujet du douzième bas-relief.

Louis Philippe Ier, roi des Français, jure fidélité à la Charte constitutionnelle en présence des pairs et des députés de la France.

L'exposition ainsi faite des mémorables événemens de juillet, avec les actes immédiats du gouvernement, nous paraît la plus digne de l'approbation générale, en ce qu'elle offre dans un tableau rapproché cette série de belles actions du peuple, que le peuple aimera chaque jour à revoir. Il importe que les noms des victimes et des héros des grandes journées ne puissent échapper aux regards. Ils seront inscrits sous chaque bas-relief, et parce que c'est un honneur qui leur appartient, et pour éterniser dans tous les cœurs l'amour de la patrie et de la liberté.

Le soubassement occupera la superficie du pont Saint-Antoine, formant aujourd'hui place publique. Il sera élevé de trois mètres à peu près. On y parviendra par quatre perrons de chacun vingt marches, qui conduiront à une aire de trois mètres de largeur, formant une galerie à balustrade, sur laquelle on pourra circuler autour du monument. Aux quatre parties opposées aux perrons seront établies quatre fontaines qui répandront l'eau sur la place.

SOUSCRIPTION.

La première livraison ayant occasioné plus de dépenses que nous ne le supposions, nous avons différé la publication de celles qui devaient suivre ; nous annonçons même qu'elles ne seront exécutées qu'après avoir obtenu l'assurance de deux cents Souscriptions.

Chaque partie formera une livraison, dont le prix est fixé à 10 francs. La première est en vente, et, en raison de son caractère politique, un certain nombre d'exemplaires a été tiré pour être vendu séparément.

On souscrit sans rien payer d'avance,

Chez l'Auteur, rue Mongallet, n° 18, faubourg Saint-Antoine.

Ladvocat, libraire de S. A. R. Monseigneur le duc d'Orléans, quai Malaquais.

Delaunay, libraire de la Reine, galerie d'Orléans, Palais-Royal.

Barba, libraire, grande cour du Palais-Royal.

Bance, marchand d'estampes, rue Saint-Denis, n° 24.